中国文化
知识读本

ZHONGGUO WENHUA ZHISHI DUBEN

灵隐寺

金开诚◎主编

闫静静◎编著

吉林出版集团有限责任公司
吉林文史出版社

图书在版编目（CIP）数据

灵隐寺 / 闫静静编著 . 一长春：吉林出版集团有
限责任公司：吉林文史出版社，2010.4
（2022.1 重印）
（中国文化知识读本）
ISBN 978-7-5463-2911-6

Ⅰ.①灵… Ⅱ.①闫… Ⅲ.①佛教－寺庙－简介－杭
州市 Ⅳ.① K928.75

中国版本图书馆 CIP 数据核字（2010）第 073034 号

灵隐寺

LING YIN SI

主编/ 金开诚 编著/闫静静

项目负责/崔博华　责任编辑/曹恒　崔博华

责任校对/王文亮 装帧设计/曹恒

出版发行/吉林文史出版社　吉林出版集团有限责任公司

地址/长春市人民大街4646号　邮编/130021

电话/0431-86037503　传真/0431-86037589

印刷/三河市金兆印刷装订有限公司

版次/2010 年 4 月第 1 版　2022 年 1 月第 6 次印刷

开本/650mm×960mm　1/16

印张/8　字数/30千

书号/ISBN 978-7-5463-2911-6

定价/34.80元

关于《中国文化知识读本》

文化是一种社会现象，是人类物质文明和精神文明有机融合的产物；同时又是一种历史现象，是社会的历史沉积。当今世界，随着经济全球化进程的加快，人们也越来越重视本民族的文化。我们只有加强对本民族文化的继承和创新，才能更好地弘扬民族精神，增强民族凝聚力。历史经验告诉我们，任何一个民族要想屹立于世界民族之林，必须具有自尊、自信、自强的民族意识。文化是维系一个民族生存和发展的强大动力。一个民族的存在依赖文化，文化的解体就是一个民族的消亡。

随着我国综合国力的日益强大，广大民众对重塑民族自尊心和自豪感的愿望日益迫切。作为民族大家庭中的一员，将源远流长、博大精深的中国文化继承并传播给广大群众，特别是青年一代，是我们出版人义不容辞的责任。

《中国文化知识读本》是由吉林出版集团有限责任公司和吉林文史出版社组织国内知名专家学者编写的一套旨在传播中华五千年优秀传统文化，提高全民文化修养的大型知识读本。该书在深入挖掘和整理中华优秀传统文化成果的同时，结合社会发展，注入了时代精神。书中优美生动的文字、简明通俗的语言、图文并茂的形式，把中国文化中的物态文化、制度文化、行为文化、精神文化等知识要点全面展示给读者。点点滴滴的文化知识仿佛颗颗繁星，组成了灿烂辉煌的中国文化的天穹。

希望本书能为弘扬中华五千年优秀传统文化、增强各民族团结、构建社会主义和谐社会尽一份绵薄之力，也坚信我们的中华民族一定能够早日实现伟大复兴！

【目录】

一 概述

灵隐寺有着悠久的历史

（一）源起及演变

灵隐寺始建于东晋成和元年（326年），距今大概已有一千六百多年的历史。其"灵隐"的名称，相传为印度僧人慧理所起。当年，慧理和尚由中原云游入浙，至武林（今杭州），觉得这里景色奇幽，见有一峰而叹曰："此乃中天竺国灵鹫山一小岭，不知何代飞来？佛在世日，多为仙灵所隐。"遂于峰前建寺，名曰"灵隐"。

相传在建寺之初，所有戒条清规、礼仪规制只是稍具雏形，僧众不多，规模也不大，隐于山林之中，香客稀少，青烟绕梁，景致幽深而寂寥。此种状况一直持续到南北朝时期才得以改善。当时，由于南朝王室变迁，更相迭起，大部分帝王都采取佛教的政策来教化人民，以匡扶社稷，以南齐的竟陵王萧子良与梁武帝萧衍等为显著代表。梁武帝在位近五十年，他以佛法治国，整理内政、文教等事业。更为甚者，他自己也出家为僧，并下诏"舍道归佛"，将佛教奉为国教，随即大兴土木，建寺立塔，一时间，佛刹林立，各士族门阀皆全力效法，广修庙宇，佛教就此在南朝鼎盛。著名诗人杜牧曾有诗云"南朝四百八十寺，多少楼台烟雨中"，便是形容当时的情景。而灵隐寺在此时也得到梁武帝萧衍的青

意境悠远的灵隐寺

灵隐寺飞来峰

睐，得以赐田扩建，兴建工程，其规模日趋壮大，游人增加，香火旺盛。

北周武帝期间（561—578 年），认为：人民信佛，供养出家人会不专心于生产，出家人没有财产，不从事物质生产不用交税，影响国家财政收入。于是下令："断佛、道二教，经像悉毁，罢沙门、道士，

并令还民。"诏令发布之后，立即实施。"融佛焚经，驱僧破塔，……宝刹伽蓝皆为俗宅，沙门释种悉作白衣。"这次命令实施虽是在北方进行，但是隐于南方的灵隐寺也受到很大程度的冲击，不少僧人或还俗或隐居，致使灵隐寺显出荒凉寂寥之态。

至隋文帝杨坚时情况大为改观，他曾

梁武帝在位时灵隐寺得到了很大的发展

飞来峰元代佛像雕塑

下敕："好生恶杀，王政为本。"在京城及诸州置官立寺院，行道日禁绝杀生，修复荒废的寺院，奖励建立寺院。开皇十一年（591年），诏称："朕位在人王，绍隆三宝，永言至理，弘阐大乘。"此后，不论公私，寺院如雨后春笋般林立，从王公大臣到平民百姓皆笃信佛教，广善布施。为报答神尼智仙的养育之恩，更于仁寿二年（602年）将智仙的舍利子运往杭州灵隐寺飞来峰，并于峰顶建塔，命名曰"神尼舍利塔"（后倾塌），以资纪念。

五代时期吴越国王钱镠倓大量印刷佛经，布施佛像

五代时期吴越国王钱镠信奉佛教，始终奉行"信佛顺天"之旨，在位期间不仅广修庙宇塔寺，而且还大量印刷佛经布施佛像，使得杭州城乡各地，遍布寺院，寺与寺之间，梵音相闻，僧众云集。而他对灵隐寺的建设也尤为关注，据记载，当时规模已达到九楼、十八阁、七十七殿堂、僧众三千余人，成为江南名刹，常有异邦僧侣来此取经。在后周显德七年（960年），他又从奉化请来高僧延寿主持灵隐寺，新建僧舍五百余间，建石幢两座。东建百尺弥勒阁，西有祇园，房间合一千三百余间，亭廊曲折萦回，建筑精美细致，环境清幽淡雅，自山门左右连接方丈，称为"灵隐新寺"。苏

宋高亲赵构像

东坡《游灵隐寺》一诗中有"高堂会食罗千夫,撞钟击鼓喧朝晡"之句,可以想象出灵隐寺在当时的盛况。

宋真宗景德四年(1007年)改灵隐寺为灵隐山景德寺。天禧五年(1021年)又改景德寺为景德灵隐寺。当时皇室对灵隐寺已经相当重视,在仁宗天圣二年(1024年),章懿太后赐庄田及钱,作为修葺扩大寺宇之用,更于皇祐元年赐御绣《观音心经》二卷,《回銮碑》及飞白黄罗扇等御用之物。庆历年间,丞相韩琦、参知政事欧阳修等奏赐契嵩所著书《传法正宗定祖图》《传法正宗记》《传法正宗论》(三书合称《嘉祐集》)和《辅教篇》入藏。自此之后,灵隐寺闻名遐迩,海内外佛教信徒纷纷前来探求佛法。

南宋建都临安(今杭州),当时宋高宗为保全皇位,偏安东南一隅,不思迎回被金人掳去的徽、钦二帝,却大力宣扬他的"孝道",将一些名刹梵宇改为祈福祷告戒斋之所,并于绍兴五年(1135年)改名为"灵隐山崇恩显亲禅寺"。孝宗乾道三年(1167年),诏每年四月初八佛诞日赐帛五十匹给灵隐寺,并时常来灵隐寺进香祈福。后来,宁宗嘉定年间评定浙江禅院,以余杭径山寺为第一禅院,灵隐寺为第二,净慈寺为第三,

灵隐寺罗汉堂

宁波天童寺为第四，阿育王寺为第五，并称为"禅院五山"。宋理宗则把显亲禅寺原有的大雄宝殿改名为"觉皇殿"，另外赐书"妙庄严域"四字。

1158年，灵隐寺仿照当时的净慈寺建"田字殿"，塑五百罗汉，一时间，杭嘉湖地区盛传"数不清的灵隐罗汉"。元武宗至大元年（1308年），宋理宗赐号的"觉皇殿"糟朽倾颓，由当时寺僧慈照、住持正传与平章张缔重修，历时四年才竣工。在元顺帝至元四年（1338年），竹泉法林禅师自净慈寺迁往灵隐，一度宗凤甚炽，朝廷授其金褴衣，灵隐寺依旧香火兴旺。直至元顺帝至正十九

灵隐寺罗汉堂

夏隐寺率先将一万三千亩庙田交还朝廷，此举深得朱元璋之心

年（1359 年）。战火不断，寺宇也毁于其中，损失惨重，尽管后来有住持辅良重修，但仅建了方丈室与伽蓝堂。灵隐寺当年的盛况已不再，曾经有过的"食罗千夫"、"撞钟击鼓"、游人络绎不绝的盛况已成过眼云烟，灵隐寺显出衰落颓废之势。

明朝创世之初，明太祖朱元璋崇尚佛法，定都金陵（今南京）后曾召见灵隐寺住持见心。一时之间轰动朝野，四众归敬，而且亲封他为"十大高僧"之一，并授以金襕袈裟，并命他撰"正心""崇本""观道""敬贤"四箴。但不久之后，就以整顿为名，对各寺庙采取种种限制的措施，灵隐寺为求自保率先把宋时朝廷所赐的杭、秀（今嘉兴）两州庙田一万三千亩交还朝廷。此举深得朱元璋之心，随即又把部分土地赐还寺庙。灵隐寺相继修复觉皇殿等殿堂，新塑佛像及诸供具。但隆庆三年（1569年），寺又毁于雷火，仅剩直指堂。当时正值海寇盛行，朝廷一时之间难以分身应对，而寺中住持又苦于财力物力不足，无法修复。直至万历十年（1582年），如通法师任灵隐寺住持，开始大规模重建工作，历经五年，仿唐而建，用平头柱四十八根，石柱十六根，改"觉皇殿"为"大雄宝殿"，还建成三藏殿等，蔚为壮观。寺成后，如通禅师"开讲说法，士庶云集"，香火兴盛于一时。但是崇祯十三年（1640年），灵隐寺又遭横祸，由于不慎失火，除大殿和直指堂等殿之外全都被焚毁。明朝末年，灵隐寺在风雨飘摇、改朝换代之际更是尽显颓废凋零。那时寺内建立了"房制"，把寺内院落私有化，收支账目、招收僧众等事具是独断专行，自成一体，红尘世俗之气甚重，已无清心修佛著书之人，更无重新修葺庙宇殿堂之心，尽是一片凄惨落寞之态。

明末清初之时，有位具德和尚很受欢迎，为三峰法藏法师的嫡嗣，天童密云法

明太祖朱元璋像

清圣祖康熙像

师的法孙。他不顾众人反对，力排众议，凭借顽强的毅力历尽千辛万苦，花了十八年的时间，终于使灵隐寺一改前貌，焕然一新。据说灵隐寺大雄宝殿上梁之日，前来观看的人达十多万！《灵隐寺志》载："自建造以来未见若斯盛者也！"具德和尚修复后的灵隐寺规模非常大，共建成"七殿""十二堂""四阁""三楼""三轩"等，使灵隐寺百棋千枋，金碧丹黝，为东南之冠，被称为"东南第一山"。

时至清代康、雍、乾"百年盛世"之期，康、乾两位皇帝多次巡视江南，驻跸灵隐，赋诗纪游，刻碑立寺。尤其是康熙帝玄烨，一生六次南巡，五次驻跸灵隐，赐额留诗，与灵隐寺结下了不解之缘。相传康熙南巡时，登寺后的北高峰顶饱览过胜景之后，即兴为灵隐寺题匾，"灵"字繁体上面为一个"雨"字，中间横排三个"口"字，最下面一个"巫"字，他欢喜之余，把上面的"雨"字写得太大，差点就下不了台。他突然想起在北高峰上时看到山下云林漠漠，整座寺宇笼罩在一片淡淡的晨雾之中，有云有林，显得十分幽静，于是灵机一动，顺势在"雨"字下加一"云"字，赐灵隐寺名为"云林禅寺"。皇帝每每浏览此地均赏赐贵物，优礼有加，故灵隐寺

在清初亦有百年隆盛之局。

　　清嘉庆、道光二帝，对灵隐寺也一如既往地支持与关心，曾拨款给灵隐寺，作为修复与兴建的费用。阮元为浙江巡抚时，对灵隐寺关照有加。他主持刻朱熹、翁方纲等集成，议藏灵隐，故建了"灵隐书藏"。又广集世典储藏其中，灵隐书藏，内容丰富，有宋明教契嵩禅师的上堂槌，宝达的照佛镜、白沙床，宋孝宗赐的直指堂印，程嘉燧的冷泉亭图，李流芳的西湖卧游画册、冷泉红树图。另外，还有董其昌、密云、三峰、谛晖、巨涛、陈鹏年、翁方纲、胡高望等人墨迹。

　　清咸丰十年（1860 年），太平军入杭

州，大多寺宇被毁，灵隐寺也难逃此劫，仅存天王殿与罗汉堂，灵隐书藏中的珍贵藏物大量流入民间乃至湮没。自此之后，虽得修复，但此时社会局势已经动荡不安，庙宇难以周全。民国时期，日军侵华进入杭州，灵隐寺一时之间成为难民收容所，嘈杂无序，惨不忍睹，许多珍贵建筑都毁于此时。

1949 年 7 月，大雄宝殿因年久失修而倒坍，殿内三尊泥塑大佛也被压毁。1952 年浙江省政府成立了"杭州市灵隐寺大雄宝殿修复委员会"，主持修复工作，改原来砖木结构为钢筋水泥结构。1954 年，大雄宝殿落成。1985 年起，灵隐寺制定

灵隐寺大雄宝殿一景

灵隐寺大门

全面恢复寺院十年规划，共三期工程，授资3000—5000万元，将灵隐寺修建成一座亭台楼阁齐全、殿堂寺宇齐配的佛教丛林，再现江南千年古刹雄姿。

（二）灵隐印象

双峰环抱，灵隐古刹，古木簇拥，殿宇巍巍。这就是灵隐寺。

灵隐在杭州的旅游地位可与西湖齐名，这里有沉厚凝重的佛教历史文化。当迈过灵隐山门，沿着灵溪岸边青石铺设的古道，在古木遮天蔽日的簇拥中，千年古刹灵隐寺就呈现在眼前。灵隐寺背靠巍然屹立的北高峰，面临秀美的飞来峰，寺前潺潺溪水映带，古木浓荫，令人不免联想起"仙灵所隐"的感叹。

灵隐寺建于东晋成和元年（326年），至今已有一千六百多年的历史，为杭州最古老的名刹。灵隐寺现有五个大殿：天王殿、大雄宝殿、药师殿、藏经楼以及华严殿。全盛时期，灵隐寺有九楼、十八阁、七十二殿堂，僧徒多达三千余人。

走进灵隐寺，仰面见到天王寺上方有康熙皇帝御笔的"云林禅寺"匾额。下方"灵鹫飞来"牌匾为书法家黄元秀所题。跨进天王殿，迎面正对山门的佛龛中供奉一尊袒胸露腹、趺坐蒲团、笑容可掬的弥勒佛像。背对山门的佛龛供奉的是佛教护法神韦驮雕像，高2.5米，

"云林禅寺"匾额为康熙皇帝御赐

头戴金盔，身披甲胄，神采奕奕。这尊佛像是南宋朝代用香樟木雕造而成，是一件稀世珍宝。天王殿两侧是巨型的四大天王彩塑像，俗称四大金刚，身高八尺，身披重甲，神采各异。其中两个怒目狰狞，十分威武；另两个慈眉善目，神色和善。

灵隐寺如来佛祖金身坐像

出天王殿后门，就见到了正面的大雄宝殿。大雄宝殿原称觉皇殿，是座单层三重的歇山顶建筑，高 33.6 米，十分雄伟壮观。大殿正中是一尊妙相庄严、气韵生动、高达 24.8 米的释迦牟尼莲花坐像。俗话说，人要衣装，佛要金装。这尊佛像全身贴金，用去黄金八十多两。它是我国最大的香樟木雕坐像，也是我国寺内的第二大佛像。整座佛像头微微前倾，两眼凝视，右手微抬成说法印，仿佛正在向朝拜者讲经说法，象征佛与朝拜者心心相印。那金身表示坚贞不变，莲台表示圣洁清芬，出淤泥而不染，背光表示光明。正殿两侧是二十诸天立像，据说他们是掌管日、月、地、星、风、雨、水、火、雷、电等的天神。大殿后壁有"慈航普度"和"五十三参"的海岛立体彩色群塑，塑造了神态各异的大小佛像一百五十尊。正中央为鳌鱼观音立像，手执净水瓶，普度众生。观音两侧为弟

灵隐寺佛塔和香炉

子善财与龙女。上有地藏菩萨，最上面是释迦牟尼雪山修道的场景：白猿献果，麋鹿献乳。左上方那侧身拿扇遮住脸的就是济公和尚。整座佛山群塑造型生动，妙趣横生，令人浮想联翩。观音作为女性出现始于南北朝，当时佛教兴盛，女信徒剧增，于是在极乐世界塑造出一位女性形象菩萨。本来观音菩萨是作为阿弥陀佛的第一助手，协助主尊接引众生度往净土极乐世界彼岸。但人间的众生最迫切的需要并非来世。于是，眼前的温饱、消灾避难、化险为夷成为大慈大悲的观音菩萨应运而生的正果。

后山上的第三殿称作药师殿，为近年重建。殿内台座上结跏趺坐的是东方净琉璃世界的药师佛，左边是手托太阳象征光明的日光菩萨，右边是手托月亮象征清凉的月光菩萨，合称东方三圣。药师佛与娑婆世界的释迦牟尼佛、西方世界的阿弥陀佛同存于不同的空间，代表东、中、西三方空间世界，故称"横空三世佛"。药师佛虽然不能消除人们肉体上的病痛，但可以使世人得到精神上的安慰。灵隐寺内还有吴越年间雕造的八角九层的仿木结构的石塔和丰富的经文，都是弥足珍贵的宝物。

二　灵隐古刹

灵隐寺照壁"咫尺西天"

今日灵隐寺是在清末重建基础上陆续修复再建的，灵隐寺布局与江南寺院格局大致相仿，全寺建筑中轴线上依次为天王殿、大雄宝殿、药师殿。灵隐寺天王殿上悬"云林禅寺"匾额，为清康熙帝所题。

（一）咫尺西天

灵隐寺的门口有座照壁，上面书写着"咫尺西天"四个大字，黄墙黛瓦、古色古香，为清代遗存建筑。装点此处的旁有灵鹫，前有天竺，都是古印度佛祖坐禅说法之处，即"西天佛国"，古人称："山名天竺，西方即在眼前。""咫尺西天"为清人留下的点睛之笔。

（二）天王殿

天王殿前左右各有石经幢一座，两经幢都有"天下兵马大元帅吴越国王建，时大宋开宝二年己巳岁闰五月"题记。两经幢皆建于北宋开宝二年（969年），原系吴越国王家庙"奉先寺"遗物，宋仁宗景祐二年至四年（1035—1037年），迎栅禅师移置于此，东幢高7.17米，西幢高11米，原为十二层，现已残损，为多层八面形，下部三层须弥座。经幢也称石幢，是刻着佛名或经咒的石柱，是古代佛教标识物，作为镇邪祈福用。幢由幢身、幢基、幢顶组成。左幢刻有《佛顶尊胜陀罗尼经》，故称"尊者塔"；右幢刻有《大自在陀罗

灵隐寺天王殿

尼咒》，故称"大自在塔"。幢身上部叠置华盖、腰檐、联珠、仰莲、伞盖、流云等，盘石上雕刻迦陵频伽，双手合十，背有翅膀，形象生动。古人赞灵隐寺经幢云：

高幢垂五代，瑞拱寺门雄；地涌虬蟠角，天成神鬼工。

莲花开仰覆，佛顶峙西东；卓出灵峰北，招摇云雾中。

天王殿的大门常闭不开，游人很难看到大门敞开，具体缘由可以追述到清朝乾隆年间：有一次，乾隆皇帝下江南，白日在杭州城游玩盛兴，深夜晚归，当时灵隐寺大门已关闭。乾隆命随从前去

灵隐寺大雄宝殿一景

叩门，要进寺休息。因为是微服私访，不便表露身份，便说是投宿商客，结果睡意朦胧的小和尚左右不开大门，理由是：庙里规定深夜三更已过，不准再开大门迎客，除非次日清晨。随从顺势就说，我们是方丈的重要客人，每年都捐献大量香火钱的，小和尚却答道："即便是当今天子来了，过了三更，也不开。几个香火钱又怎样？"听罢，气得乾隆牙关紧咬。为了不露宿野外，只好悻悻从侧门进入。数日后乾隆以皇帝身份来灵隐寺进香拜佛，走到灵隐寺山门，回想到前日受辱，便侧身对身边的方丈说："既然灵隐是东南名寺，香火旺盛。从此大

掩映在绿荫中的灵隐寺药师殿

古朴典雅的灵隐寺石刻

门就不要随意打开，以免散失佛光神气。"从此以后便封门掩气。杭州城以及周边人民进寺烧香拜佛，皆是走侧门。过了几十年后，有新的规矩。以下几种情况才可以打开大门：

第一，唯有皇帝天子来寺进香拜佛，才可以打开。

第二，观音的诞辰之日才可以打开。

第三，灵隐寺换新住持，新住持第一天主持说法才可以打开。

若以上三种情况都不成立，只有等到每隔六十年才真正地打开一次，实属不易。能赶上灵隐寺开山门算是人生一件幸事。

灵隐寺笑口常开弥勒佛造像

　　天王殿的正门上写着："峰峦或再有飞来坐山门老等，泉水已渐生暖意放笑脸相迎。"殿内正中木雕端坐着的大肚弥勒佛像，袒胸露腹，趺坐蒲团，笑容可掬，把它放在这个位置是给世人一个欢迎的姿态，一种皆大欢喜的感觉。

　　佛教的说法，弥勒是释迦牟尼的接班人，但要等释迦寂灭后，经过五十六亿七千万年，才降临人间，正式升为弥勒佛，在龙华树下说法三会，度尽一切众生。目前，他只能暂以菩萨和"未来佛"的身份住在上界兜率宫内，静候那遥远时刻的来临。不过正因为他有着双重身份，所以，他有时会作为三世佛中的未来佛，陪释

灵隐寺大雄宝殿香客如织

迦牟尼被安置在大雄宝殿内；有时也可能头戴天冠身着菩萨装，被单独供奉在弥勒殿内。

背对山门的佛龛供奉的是佛教护法神，手持降魔杵的韦驮雕像，古印度神话中他是南方增长天王的八大神将之一，居三十二神之首。据说释迦牟尼佛的舍利曾被魔王抢走，是韦驮不畏艰险，奋力追回的。因此，在佛寺中，韦驮塑像都面朝大雄宝殿的释迦牟尼佛像，意为保护佛主，驱除邪魔，起威镇三洲的作用。像高2.5米，头戴金盔，身裹甲胄，神采奕奕。这尊雕像以香樟木雕造，是寺内最古老的佛像，已有七百多年的历史，很具观赏价值。

　　印度血统的韦驮菩萨在中国已被彻底汉化，成为地道的中国古代武将。在中国的寺庙里韦驮一般有两种姿势：一种是双手合十，横杵于腕上，直挺挺地站着，表示这里是十方丛林，对来客表示欢迎。另一种是一手握杵拄地，另一手叉腰，表示此地为非接待寺。而天王殿中的韦驮正是横杵于腕上表示欢迎之意。

　　天王殿两侧是四大天王彩塑像，俗称"四大金刚"。佛教认为，世界以须弥山为中心，四周是大海，海的四面各有一洲，分别由一位天王率夜叉大将镇守

形态各异的灵隐寺飞来峰佛窟造像

西方广目天王

佛国一方。据佛教讲，四大天王在此各护一方，故称"护世四天王"。高各8米，个个身披重甲。手持青锋宝剑的是守护南方的增长天王。增长的意思是令众生增长善根，持剑是保护佛法不受侵犯。手弹琵琶的是东方持国天王，琵琶没弦需要"调"音，他既是护法神也是佛国财神，护持众生，他是群龙首领，众龙顺从于他。西方广目天王，手上缠一龙，龙形谐意"顺"。北方多闻天王，右手持宝伞，伞具谐意"雨"。这四位威武凛然、造型精绝的天王各司其职，便组成了风调雨顺，风调雨顺便能五谷丰登，五谷丰登便能丰衣足食、夜不闭户，从

而出现太平盛世，表达了老百姓的美好愿望。

（三）大雄宝殿

经过天王殿后的庭院，院中古木参天，便进入灵隐寺的主殿——大雄宝殿。大雄宝殿，一般简称为"大殿"，它是寺院僧众早晚诵经共修的场所。据佛经记载，释迦牟尼佛具有降服五阴魔、烦恼魔、死魔、天魔四大魔的智慧与力量，叫做"大雄"，即一切无畏的大力士的意思，后来就把它作为释迦牟尼的"德号"。寺院因而也就把供奉释迦牟尼佛像的大殿称为大雄宝殿。

大雄宝殿原称"觉皇殿"

　　现在的大雄宝殿是在清宣统二年（1910年）重建的，为仿唐建筑，它采用古代建筑单层三重歇山顶的传统手法，加上高高翘起的飞檐翼角，使庞大的屋顶显得轻盈活泼。殿宇的瓦饰、窗花、斗拱、飞天浮雕以及天花板上的云龙绘图，均显示了中国古代高超的建筑水平。殿高33.6米，仅比天安门城楼低0.1米，其规模之大，在国内佛教寺院中并不多见。在屋顶中央，饰有一颗闪耀的明珠，两侧写有"佛日增辉"四个大字。屋檐下悬挂两块横匾，"妙庄严域"是著名书法家张宗祥所题，"大雄宝殿"是书法家原西泠印社社长沙孟海于1987年重书。

石塔：在大雄宝殿前露台两侧分别立有两座石塔，始建于五代或北宋初，为钱俶重建灵隐寺时而立，当时立塔四座，现在仅存大雄宝殿前东西两侧之双塔。两石塔相距42米，均为八面九层楼阁式塔，高约12米，第一层边长97厘米，用石料雕刻砌筑而成，为仿木楼阁式塔，从底层开始至塔顶逐层递减，收分明显。每层的东、南、西、北四面辟壸门，线条和顺流畅，每层有柱子、栏额、斗拱、出檐、平座，脊饰上刻有仙人像，塔身下为一层须弥座，更下为九山八海基石，是典型的宋式建筑。

灵隐寺古塔底部

娑罗树：东、西两侧，生长着一棵棵高大、茁壮的娑罗树。娑罗树又名七叶树，可以说是佛门的一种标志，江南的庵堂寺院几乎都栽有这种树。据古老传说，佛教创始人释迦牟尼是在尼泊尔兰毗尼花园的一棵菩提树下诞生的；长大悟道后用贝叶树叶片刻写经文，传播天下，普度众生；后于80岁高龄时在印度拘尸那迦城外小河边一片茂盛的娑罗林中两株娑罗树之间的吊床上涅槃的。所以娑罗树与菩提树、贝叶树被佛家合称为"佛国三宝树"。

佛国三宝树之———娑罗树

娑罗树原产于喜马拉雅以南的丘陵山国，大抵都是随着西方佛教一起从印度、尼泊尔传入中国的。杭州灵隐寺的娑罗树相传是在东晋成和元年（326年），由创建灵隐寺的印度和尚慧理从家乡带来的娑罗籽栽培起来的。其中位于灵隐寺大雄宝殿西边"紫竹林"佛宇南隅的两株高达二十六七米，树身斑驳，苍劲古老，躯干可数人合抱的娑罗树，据《灵隐寺志》记载，是灵隐寺开山祖师慧理法师当年亲手种下的。这两株娑罗树虽经过一千六百多年的风雨沧桑，至今却仍是葱茏挺秀，生机盎然，是杭州西湖周围数十里湖山中最老的古树，亦是中华大地上最古老的佛树。故而千百年来一直

灵隐寺内的释迦牟尼像

被历代僧人珍视为古刹灵隐的"镇山之宝"。每当春末夏初的立夏时节，许多慕名到杭州灵隐寺进香的游人香客，以及日本、韩国和东南亚佛教进香团，在进香礼佛之余，必将尽情地领略一番千年佛树花枝招展的神奇风采。

释迦牟尼：殿内正面为释迦牟尼莲花坐像，相传他是古印度北部迦毗罗卫国（现为尼泊尔境内）净饭王的儿子，原名乔达摩·悉达多。他出生于公元前6—5世纪，约与中国的孔子同一时代，29岁时痛感人世生老病死的各种痛苦，舍弃王族生活，出家修道。经过六年含辛茹苦的修行，35岁时在菩提树下成道，创立了能使众生脱离苦海的佛教，被佛门弟子尊称为释迦牟尼，意思为"释迦族的圣人""释迦族的智者"。目前佛教已成为世界三大宗教之一，形成许多教派，以禅宗为首。灵隐寺就是一座禅宗寺庙。

这尊佛像是 1953 年重修灵隐寺时由中央美术学院华东分院（今中国美术学院）邓白教授以唐代禅宗著名雕塑为蓝本构思设计，华东分院雕塑系教师和东阳木雕厂民间艺人合作创造的，用 24 块香樟木雕成。佛像高 19.6 米，加上须弥座石基总共 24.8 米，佛像全身两次贴金，共花去黄金 86 两之多。它是我国目前最大

释迦牟尼像用去黄金 86 两之多

的香樟木雕坐像。其体态丰满，慈祥和蔼，庄严肃穆。端坐莲台左手上抬，作吉祥姿态说法相，头部微微前倾，两眼凝视。当你进殿抬头瞻仰时，与佛像视线刚好相接，以示佛祖对众生的呵护。佛祖坐在莲台上，表示圣洁清芳，出污泥而不染；佛螺状的头发为天蓝色，象征与天齐平；额眉间有个"白点"是佛祖三十二相之一，"白毫相间"表示吉祥如意；头部后面的镜称为"摩尼镜"，象征智慧和光明；佛顶上有一把状如撑开雨伞似的盖，叫天盖，全用珠宝装饰而成，又称"宝盖"。

二十诸天：天，作为简称，在佛教中

大雄宝殿内宁静庄严的释迦牟尼像

佛教以为天人是有情众生最妙、最善，也是最快乐的去处

有三层意思：一、指天界，如六道、十界中的天道、天界。又如四天王天、兜率天、他化自在天；二、指天王，如大梵天、帝释天、大功德天，即这里所指的二十位天神；三、指天人，如三善道的天、人、阿修罗。佛教以为天人是有情众生最妙、最善，也是最快乐的去处。只有修习十善业道者才能投生天界，成为天人。但"天"虽然处于诸有情界中最高最优越的地位，能获种种享受，但仍未跳出轮回，一旦前业享尽，便会重新堕入轮回之中。另外，佛经中说到"天"时，除了指作为正报的有情众生之外，还指其依报即这些有情众生的生存环境。

十二圆觉像

作为佛教造像的表现题材的诸天主要是在前述有情众生一类的意义上说的。只不过这些"天人"大都具有非凡的本领。佛教把古代印度神话和其他宗教中的一些神也称为天，并将他们吸纳进来，视为佛教的护法神。

大雄宝殿内两厢站立的是佛教的护法神二十诸天，各前倾十五度，以示对佛的尊敬。他们是掌管日、月、星、地、水、风、雨、雷、电等的天神。西侧第一尊是阎罗天子，传说是地狱的统治者。东侧第一尊是娑竭龙王，掌管海洋水利。其他还有四大天王、日宫天子、月宫天子、鬼子母神、坚牢地神等，他们手执法器和兵器，是神通广大的象征。据有关部门考证，我国的诸天塑像宋代以后才有，他们穿戴的服饰是模仿我国封建王朝文武百官的。

十二圆觉：殿后趺坐的是"十二圆觉"，意为"圆满的觉悟"，是密教崇奉的著名菩萨群体。《圆觉经》说，十二位菩萨向佛祖请问修行法门，佛说大乘圆觉清净境界修行法。东面排列的是文殊、普眼、贤首、光音、弥勒、净音，西面排列的是：普贤、妙觉、善慧、善见、金刚藏、威音，他们都是佛祖的大弟子，据说现在的佛经，就是他们根据释迦牟尼在世时的讲经说法和自己的见闻整理而成的。大雄宝殿有十二圆觉这样的布局，全国仅灵隐寺一座。

慈航普度、五十三参：释迦牟尼像的后壁，是一组气势恢弘的彩色"五十三参"海岛立体群塑，高二十余米，全部用黏土不掺一点水泥，塑造了以童子拜观音为主体的一百五十尊佛像。

大家看到那位双手合十，身穿红肚兜的孩童叫"善财童子"，简称善财。据佛经讲，善财童子是福城长者五百童子之一，善财出生时，有种种珍宝涌现，故名善财。善财看破红尘，发誓要修行成佛。文殊菩萨路过福城，看出善财有佛性，就指点他

五十三参群塑

千手观音像

去南游一百城，参访五十三位"善知识"，最后遇到普贤"即身成佛"。所以佛教建筑中的阶梯常铺为五十三级。比喻"五十三参，参参见佛"。而现在我们民间对善财理解为"招财童子"或祈祷童子投胎。善财，是第二十七参，遇到观音。得道后成为观音的胁侍。

整座群塑分上天、地、海三层，最下层为"海"，两侧为来南海朝拜的十八罗汉，正中脚踏鳌鱼、手持净瓶的就是大慈大悲的观世音菩萨。观世音，又称"观自在"，据说她有三十二种化身，世上众生遇到灾难，只要念诵她的名字，她就会寻声来救，所以称观世音。

鎏金铜四臂观音

唐代因避唐太宗李世民讳，改称"观音"。观世音菩萨原为男性，因佛教传入中国，逐步融合进中国民族文化而渐渐演变，在南北朝时就开始塑成女性像，迎合了善男信女的心理需求，使观音成为了中国最受欢迎的女菩萨。中国佛教将阳历二月十九定为观音诞辰日，六月十九为观音成道日，九月十九为观音出家日，统称"观音香会"。民间还有观音送子的说法。观音脚踏鳌鱼，传说在人世间地下有鳌鱼，是海中之王，眼睛眨一眨，尾巴动一动，都有可能引起山崩海啸，洪水地震。只有观音能镇住鳌鱼，独占鳌头。驯服后的鳌鱼成了观音的坐骑。

观音的左右站一个童男、一个童女，童男是善财童子，童女是龙女，他们是观音菩萨的左右胁侍。

中间坐在麒麟上的金身像是地藏王菩萨，他曾是新罗国的王子金乔觉，削发为僧后到中国的九华山修行得道。照佛教的说法，地藏受释迦牟尼的重托，在释迦牟尼寂灭而未来佛弥勒佛出世前的这段时间，担当起教化六道众生的重任。释迦牟尼又任命他作幽冥教主，就是管理阴间，地藏承担这个重任以后立下誓愿："地狱未空，誓不成佛！"意思就是直到地狱没有一个"罪鬼"受苦，自己才愿意成佛。佛心朴直，善亦大焉。可惜六道轮回永无

地藏菩萨像

休止，地狱何时才能撤空？所以地藏菩萨也就永难成佛，中国佛教也把他作为四大菩萨之一。

最上层"三十三天"那尊形容枯槁、瘦骨嶙峋的佛像，展现的就是释迦牟尼成佛前在雪山茹苦修行的状态，又称"饿佛像"。他吃的是白猿献的果，喝的是麋鹿献的奶。这也许就是和尚只能吃素，但可以喝牛奶的缘由。

（四）药师殿

在大雄宝殿后面是一座单层重檐歇山顶的大殿，这就是1993年正式开光的药师殿。"药师殿"的匾额是原佛教协会会长赵朴初先生所书。

灵隐寺药师殿内供奉的"东方三圣"

药师佛：殿内台座上结跏趺坐的是东方净琉璃世界的药师佛，佛全称为"药师琉璃光如来"，大乘佛教佛名，为"东方净琉璃世界"教主。药师佛面相慈善，仪态庄严，身呈蓝色，乌发肉髻，双耳垂肩，身穿佛衣，袒胸露右臂，右手膝前执尊胜诃子果枝，左手脐前捧佛钵，双足跏趺于莲花宝座中央。左右分别是手托太阳象征光明的日光菩萨和手托月亮象征清凉的月光菩萨，三者合称为"东方三圣"。药师佛与娑婆世界的释迦牟尼佛、西方极乐世界的阿弥陀佛同存于不同的空间，代表东、中、西三方空间世界，故称"横三世佛"。药师佛曾经发过十二大愿，"要让在世的人们除去一切病痛，身心安乐"，所以人们也常称他为消灾延寿药师琉璃光佛。从宗教和精神分析学的角度来看，心病是一切疾病的根源，一切病皆由心而发，由心而生。药师佛不可能消除人们肉体的痛苦，但可以给予精神上的安慰，来医治世人的心病。

日光菩萨：日光菩萨为通身赤红色，坐赤莲上，左手持赤莲，右手半举朝内结印，莲上安日轮。他的名号，是取自"日放千光，遍照天下，普破冥暗"的意思。此菩萨持其慈悲本愿，普施三昧，以照法界俗尘，摧破生死之暗冥，犹如日光之遍照世间，故取此名。"日光遍照"在佛法上表智慧，放射无量光明，普透一切宇宙生命，使自昏昧迷蒙中醒觉。

月光菩萨：又作月净菩萨、月光遍照菩萨。月光菩萨为童子形，坐赤莲上，黄色装，右手执上安半月之细叶青莲，左手持未敷莲花。有相传药师如来与日光、月光菩萨本为父子，曾于电光如来法运中勤修梵行，受电光如来咐嘱分别改名为医王与日照、月照，发无上菩提大愿，誓救六道一切有情出轮回苦。

药叉神将：左右两边是药师佛的十二弟子"药童"，又称"药叉大将"。分别是：官毗罗大将、伐折罗大将、迷企罗大将、安底罗大将、颊你罗大将、珊底罗大将、因达罗大将、披夷罗大将、摩虎罗大将、真达罗大将、招杜罗大将、毗羯罗大将，且他们各有七千药叉，以为眷属。他们不仅顶盔挂甲，神态威武，而且会按十二个时辰轮流值班，及时去拯救那些生病的信徒，保护众生，还按中国的习俗给他们配上了十二属相的图案，分别成为各个属相的保护神。

药叉神将

（五）藏经楼

藏经楼为灵隐寺的第四殿，位于药师殿后面的山坡上，共三层，上层是寺院

直指堂

藏经之所，收藏了六部大藏经。中间一层是法堂，又称"直指堂"。直指，意为"直指人心，见性成佛"，直指堂，也就相当于其他寺院的法堂，在寺院中他主要是用于讲经说法，寺院许多大型的讲经法会，都是在这里举行。法堂中间设有一个用东阳木雕的讲台，精美异常。上面放有一把狮子座，是法师讲经说法时的法座。寻因法师宣讲如来正法，能摧破外道邪魔，犹如狮子一吼，百兽皆服，故名狮子座。座位背面悬挂着雕刻精致的大法轮，它是法堂的主要特征。所谓法轮，是指佛陀说法，不止于一人一处，犹如车轮，辗转相续，故名法轮。为每月数次讲经说法之地，高僧云集，听者甚众。由于是寺院重地，藏经所和法堂都不对外开放。

　　下层是文物展厅，对游客展出灵隐寺历代收藏或佛教团体交流的珍贵文物，有佛像、字画、经文等五十余件珍品，这些带着佛教的神秘感的珍贵文物令游客们长久驻足凝视。二级文物"菩提树叶画'庄严三宝'吸引了许多人的目光。一枚小小的菩提树叶筋脉上，用彩色颜料画出一尊神情庄严的三宝佛像，虽年代久远，仍颜色鲜艳，神色如生，眉目细腻，可以想见制作者花了多少心血细

细描绘。相传佛祖修行六年后在菩提树下悟道，所以菩提树被奉为佛教圣树。菩提树叶画是印度文物，需极高明的技术和功底，目前这一古老技艺在印度已失传。

灵隐收藏有历代佛教文物珍品，收藏了各种佛教书籍。如：十世班禅舍利，展台上是七个小佛像，用西藏特有的红泥做成，旁边有介绍文字说这是西藏佛教团体访问灵隐时赠送的，内有十世班禅的头发和指甲。《敦煌石室藏经》，这是一卷唐代手写《心经》真迹，一级文物。原藏于敦煌石室，保存完整，字体清晰，敦煌所藏古卷大部分被英国人盗往国外，能保存下来的价值自然无可估量。《唐开元石雕菩萨像》携带着大唐的雄浑气势，从遥远的年代向我们走来。菩萨像面容饱满，神态安详，衣饰飘带流畅，唐代的豪放造像风格令人叹为观止。

走出藏经楼，可见一块巨幅青石壁画镶嵌在石墙上，画的是如来说法感化万物的佛教故事。画面正中是如来气象庄严地坐在狮子坐骑上讲经，天女们在天空中吹笙应和，顿时花团锦簇，龙飞凤舞，树林中的狮子、大象、雄鹰等各种动物听到佛的讲经，都受到感化，从四面八方向佛奔来，真如两侧对联所说的，"如来说法狮吼象鸣声震天，天女吹笙龙飞凤舞气冲霄"。

灵隐寺藏经楼内一景

（六）华严殿

华严殿是灵隐寺的最高处，也是灵隐寺的最后一重殿。从华严殿往下观望，五座大殿贯穿在一条中轴线上，层层递进，殿门上挂有乔石同志的亲笔题字"华严殿"。

殿门匾额上书有"华藏世界"四个大字。华严殿里供放着华严三圣：当中圆满抱身佛像，即如来，微笑着俯视众生；佛祖右边是手执如意的大行普贤菩萨，左边手执莲花的是大智文殊菩萨。三尊佛像都端坐在勾着金边的莲花宝座上，造型端庄凝重，气韵生动，极具风采。佛身是深褐色，而佛的衣裳莲座都是浅褐色，这是因为这三尊佛像的佛身都是用一根巨楠木制成，是一位居士在缅甸发现的一棵巨楠木，直径有两米多，故请来灵隐做成佛像。而衣裳莲座都是用樟木制成，颜色较浅，深浅相配，更显奇妙。据记载：三者都是华严世界里的圣人，所以又称为"华严三圣"，华严殿即是依此而得名。

华严殿的东侧建有配置彩色灯光的"九龙吐水"大型水池。池中央顶部的大理石摩尼宝珠，直径为 1.5 米，重达 6 吨。入夜，在斑斓彩灯的映照下，九龙竞相吐

手执莲花的大智文殊菩萨

华严殿内景

水，圆珠缓缓转动，数股清流环池泻下，水声潺潺，山谷回应，景色十分迷人。西侧有一塑像，这是日本"谴唐使"空海，当年曾在灵隐寺修行，回国后创立了"真言宗"，被人赐号"弘法大师"。

三 飞来峰景点

古老的传说给飞来峰蒙上了一层神秘的面纱，其实飞来峰是形成于地质纪二叠纪时期，距今已有两亿年的历史，是一座石灰岩山峰，它的主要成分是碳酸钙，质地松脆，易受水蚀和风化，常年累月形成许多形状各异的岩洞。大自然造就了"无石不奇、无水不清、无洞不幽、无树不古"的飞来峰。尤为珍贵的是，在天然岩洞和山崖上，布满了五代至宋元时期的大批石刻造像。在长约600米，宽约200米的区域内共有153龛470余尊造像，保存较为完整的就有338尊。其中有雕凿于五代后周广顺元年（951年）飞来峰最早的石刻造像"西方三圣"，有雕刻于1022年的最为精致的"卢舍那佛会"浮雕，有雕刻于南宋时期飞来峰最大的最为著名的造像"大肚弥勒"。这些精湛的雕刻艺术品不仅给奇峰怪石增添了神秘色彩，而且使飞来峰成为我国石窟造像中的艺术宝库。

飞来峰佛像

（一）青林洞

青林洞是飞来峰东南最大的洞，因为洞口形似虎嘴，又称"老虎洞"。

西方三圣：在洞口上方有三尊小佛，称为"西方三圣"。它们雕刻于五代后周广顺元年（951年），这是飞来峰现存有体积的造像中年代最早的造像。中间的那尊叫阿弥陀佛，是西方极乐世界的教主，称无量寿佛，两侧分别是他的左右胁侍大势至菩萨和观世音菩萨。观世音菩萨主悲门，位佛之左。大势至菩萨主智门，位佛之右。这三尊造像，眉目清秀，容相慈悲，皆作全跏趺坐式。座为仰莲须弥座，身后有缘饰火焰纹的背光。

本尊阿弥陀佛，高90厘米，中年男相，头顶有高肉髻、螺发、长耳下垂，双眼正视，着半披肩袈裟，袒露右胸臂，双手相叠作三摩地印，也就是弥陀手印。左右胁侍观世音和大势至菩萨各高65厘米，青年女相，皆稍侧向本尊，头戴宝冠，宝缯

西方三圣

飞来峰造像具有很高的艺术价值

下垂，胸挂璎珞，手腕贯钏，身着天衣披薄纱，帛带围绕。观世音右手上举，左手托着一只净水瓶；大势至右手上举至胸，左手横摊在膝上。这些作品虽然已经风化，但仍然可以看出五代时期的艺术风格，其制作是相当工整精致的。

华严三圣：位于青林洞口上方的三尊大型佛像就是"华严三圣"。

本尊毗卢遮那佛端坐正中，全跏趺坐式，吉祥坐，高155厘米，仰莲座高63厘米。中年女相，头戴五佛宝冠，耳下垂有花形珥珰，脸部丰满，容相慈悲，双眼正视，眉间有白毫相，双手上举，五指弯曲，作毗卢遮那佛五字剑印。

神态安详的飞来峰造像

　　左胁侍文殊师利菩萨和右胁侍普贤菩萨，亦作全跏趺坐式，吉祥坐，各高125厘米，仰莲座高47厘米，皆稍侧向本尊。青年女相，面容清秀，头戴宝冠，胸挂璎珞，身披薄纱，帛带围绕。文殊左手持青刚剑，右手上举胸前，绕身的两条帛带向身后飘拂。普贤左手托着一个经盒，右手上举，掌心向外，帛带从双肩下垂至膝上。

　　根据佛经记载，毗卢遮那佛和文殊、普贤菩萨，合称"华严三圣"。文殊主智门，位佛之左；普贤主理门，位佛之右。毗卢遮那佛理智完备，他头上所戴之五佛宝冠，又名五智宝冠或五宝天冠，冠上有五化佛，表示五智圆满之德，故有此名。这龛佛像建于1282年，是元代作品中最早的一龛。

卢舍那佛会：洞口右边的崖壁上，坐东朝西，有一块高146厘米、宽150厘米的壶门式花头龛，刻的是佛教故事"卢舍那佛会"。这是飞来峰中雕刻最精致的作品，石龛里正中坐的是卢舍那佛，他是佛教密宗中的最高神，能以光明普照众生，故名大日如来即佛光普照的意思。卢舍那佛头戴宝冠，身披袈裟，双手十指微屈，上举至两肩侧，作说法状。赤足，全跏趺坐式，端坐在正中高束腰莲座上。身后的项光和身光，边缘都有熊熊火焰纹。

卢舍那佛会

生动逼真的飞来峰造像

文殊骑青狮，普贤骑白象，相向站立在卢舍那佛的左前方和右前方。二像皆为青年女相，面目清秀，头戴宝冠，胸挂璎珞，身披薄纱，帛带围绕，也作全跏趺坐式，端坐在狮、象背部的仰莲座上，背后都有圆形项光和身光。文殊左手上举，右手下垂，其坐骑青狮尾巴上翘，作回头状，四脚分开站立在四朵莲花上。普贤左手前伸，右手上举，坐骑白象尾巴下垂，昂首向前，作缓慢行走状，四脚也踏在四朵莲花上。

在文殊和普贤身后，有天王立像四尊，对称站立在卢舍那佛的两侧，皆为中年男相，戴盔穿甲，穿武士靴，作武

士装饰，身躯魁梧，神态威严。四天王背后还有四尊供养菩萨，也对称站立在卢舍那佛的两侧。

龛楣上方雕飞天二尊，皆头戴宝冠，身躯微屈，披薄纱，着长裙，胸挂璎珞，帛带飘扬，手托鲜果，向着正在说法的卢舍那佛飞舞而来。其下祥云冉冉，鲜花朵朵，给说法的场面平添了不少热烈的气氛。这些都是北宋乾兴年间（1022年）的作品。这组造像手法精练，灵巧细致，富有装饰趣味。

济公床：在青林洞内，还有一块巨石，酷似床状，民间传说济公活佛曾因偷吃狗肉而醉倒于此。洞外的济公石，则相传是其修行念佛的盘坐之处。

（二）玉乳洞

玉乳洞是飞来峰的第二大洞，又名蝙蝠洞、罗汉洞、岩石室。因洞中岩石呈乳白色而得名，在洞内千姿百态的石壁上，整齐地排列着罗汉群像以及凤凰和雷公浮雕等石刻，四壁所刻二十尊真人大小罗汉都是北宋真宗成平四年（1001年）的作品。

翻经台、六祖像：洞南口前十余步有传说中的南北朝人谢灵运翻阅经书的"翻经台"。相传晋代道家中人葛洪的祖先葛孝先就在此修炼，得道成仙。在

玉乳洞前的古藤

玉乳洞内罗汉像

洞南口顶端可清晰地看到镶嵌在岩层中的鱼类脊椎骨化石，形象地表现了沧桑巨变。洞北口有"震旦六祖"，即中国佛教禅宗的六位祖师爷：达摩、惠可、僧璨、道信、弘忍、慧能，合称"震旦六祖宝藏神大夜叉"。

十八罗汉像：经过玉乳洞中部，一直到北口通道东侧壁面上，一字形排列着罗汉坐像十八尊，小僧和供养人立像各两尊，都是圆雕，另外还有凤凰浮雕两尊，雷公浮雕一尊。虽然分别布置在或长或短的小分龛内，但是造像排列均匀，大小接近，风格也完全一致，显然是一幅完整的十八罗汉造像。在第四尊罗汉附近有一凤凰浮雕鸡首长颈，嘴上含花一束，展翅作飞舞状。而洞内的雷公浮雕毛发上竖，赤裸上身和双足，张开双翅，双手托着一盘寿桃，迈着大步神采奕奕朝罗汉飞奔而来。十八罗汉以及小僧造像，双颊肥胖，表情平淡，衣纹生硬，制作比较呆板。只有那两只作飞翔状的凤凰浮雕和那作奔跑状的雷公浮雕，姿态活泼生动。

（三）龙泓洞

龙泓洞位于玉乳洞的西北方，宋代文人郭祥正曾有诗歌咏此洞曰："洞口无凡木，阴森夏亦寒。曾知一泓水，会有老龙蟠。"洞名由此而来，俗传此洞颇深，可

飞来峰造像

通浙东，现在洞内岩壁上尚刻有"通天洞"三字，并雕有观音坐像一尊。因此，此洞又名通天洞或观音洞。

取经浮雕：龙泓洞洞口右侧白北向南有一组结构完整、形象逼真的佛教历史题材浮雕，长约6.6米，高1米，描述了唐玄奘取经、朱士行取经、白马驮经的故事。最北边是唐僧取经浮雕，其中男子光头净发，容貌温文尔雅，神态虔诚真挚。身着通肩袈裟，双手合十，缓步前进，最终跋山涉水克服了许多困难，到达北天竺摩揭陀国，拜见戒贤法9币。其次是曹魏僧朱士行取经的故事，浮雕中人物身穿长袍，腰佩利刀，脚穿草鞋，左手提棍棒，右手

笑脸相迎的布袋和尚

牵着马，大步前进。第三组是白马驮经故事，说的是东汉永平十年（67年）明帝派遣蔡谙等人去西域求佛法，在月氏国遇到来自天竺的僧人摄摩滕和竺法兰，便请他们到西安洛阳传教。这些雕刻结构精致，形象生动地讲述了中国历史上僧侣所进行的宗教文化交流活动。

布袋和尚：整个飞来峰最引人注目的要数崖壁间那袒腹露胸、笑脸相迎的大肚弥勒了。它是整个飞来峰造像中最大的一龛，长9.9米，高3米左右，是飞来峰的标志性作品，此尊佛像雕于1000年。雕像慈眉善目，浓眉大眼，喜笑颜开，坦然而坐。通肩袈裟往下脱落，裸露出胸前的

此弥勒肚皮极大，又整天背着大布袋游街串巷，因此得名布袋和尚

双乳，大腹便便。他赤足露趾，倚坐在背后的岩石上，一手拿布袋，一手执念珠，旁有木鱼一个。在两旁簇拥他的十八罗汉，皆光头净发，形态不一。

这尊大弥勒就是传说中的布袋和尚，因为他肚皮极大，又整天乐呵呵地背着大布袋游街串巷，乐善好施，总是"行也布袋，坐也布袋，放下布袋，何等自在"，因此而得名布袋和尚，而且常有十八个小孩子跟着他玩。贞明三年在岳林寺圆寂，当时他口中念道："弥勒真弥勒，分身千百亿，时时示世人，世人自不识。"有些人便以为他是弥勒化身，重返人间救助众生，而他身边的十八个小孩子也就变成了十八罗汉。

（四）理公塔

理公塔：游人自"咫尺西天"照壁往西进入灵隐，飞来峰龙泓洞口有理公塔，一名灵鹫塔，是杭州现存唯一的明塔。相传此塔是为纪念灵隐寺的开山祖师慧理而建造的，更是慧理和尚骨灰埋葬之处。此塔是一座石结构的楼阁式塔，高8米余，六面七层，殊为罕见。全塔由下至上逐级收分，结构朴实无华，别具一格。据载：理公塔曾于明万历十五年（1587年）倒塌，后至明万历十八年（1590年），当时的如通、被秽和尚与佛教信徒

灵隐寺理公塔一角

程理，又动工重建理公塔。第一层中空，六面皆辟拱门，第二层的正南面镌有"理公之塔"碑记一方，东南面镌有明万历十六年春"慧理大师塔铭"一方，西南面镌有"卢字大明神咒"碑记一方，第三层的每面也镌有碑记，第四至第七层的每面，或刻坐佛，或作门窗式样，塔顶装有葫芦形塔刹。古朴沧桑的理公塔见证了一位印度高僧历经千山万水来到中国弘扬佛法的艰辛。

灵隐寺理公塔

宝藏神大夜叉王：塔的左下方那尊大腹便便、面带微笑的就是藏传佛教中的财神，全称"宝藏神大夜叉王"，他身上披挂着用鲜花串成的璎珞，戴着金银珠宝串成的大海螺。据说他掌管着天下无尽的财宝。据佛经上面讲，只要按照上面这种形式绘制或者雕刻出"宝藏神大夜叉王"，那么想要什么就有什么了。

金刚手菩萨：右下方是一块底宽350厘米、高240厘米的三角形巨石，中间凿方形佛龛一个，坐西向东，高170厘米，宽185厘米，顶弧拱。龛内圆雕金刚手菩萨一尊。这尊金刚手菩萨高160厘米，少年男相，头戴化佛宝冠，耳垂珥珰，耳后宝缯飘扬，大眼方颐，额际束发，双肩上也披着长发。上身赤裸，下着短裙，颈上戴蛇形项圈和花环。双脚和双手的

飞来峰藏传佛教造像

腕、臂上都戴有花钏。双脚右弓而左直，赤足露趾蹲立在地上。左手竖食指，上举胸前，右手握金刚杵，高举过肩，绕身的帛带作飘扬状。虽然上躯比下躯肥大，比例不大匀称，但从整个造形看，显得生动活泼，好像是一个天真活泼的儿童。完全打破了密宗的仪式，它是唐宋传统风格同藏、蒙等民族艺术相结合的一件艺术品。

四 灵隐其他建筑

（一）五百罗汉堂

灵隐寺五百罗汉堂自明代就有，后来毁废，清朝道光年间曾经重建并名噪一时，但于1936年秋天遭受火灾而再次毁灭。新中国成立后，众佛界人士一直想重建罗汉堂，现今的罗汉堂是1998年重建的。总面积为3116平方米，中央高度为25米，其平面呈"卍"形，"卍"为佛祖的三十二相之一，以示万法唯心、万德圆融、万缘俱息之意。重建后的五百罗汉堂系仿清建筑，飞檐翘角，气势雄伟，它是目前国内规模最大的罗汉堂。

罗汉堂内供奉有五百尊青铜罗汉像，

五百罗汉堂

每尊高为1.7米，底座宽1.3米，重1吨，其形象各异，表情丰富，千姿百态，栩栩如生，惟妙惟肖，是佛教艺术造型中的精品。罗汉是梵语阿罗汉之简称，意为杀贼、不生、应供三义，为佛教声闻圣人。杀贼，贼指见、思之惑。阿罗汉能断除三界见、思之惑，故称杀贼。不生，即无生。阿罗汉证人涅槃，而不复受生于三界中，故称不生。应供，阿罗汉得漏尽，断除一切烦恼，应受人天之供养，故称应供。据记载五百罗汉是佛陀身边五百位常随弟子。五百罗汉堂的正中设有浓缩佛教四大名山的巨大铜殿，分别

五百罗汉堂是目前国内规模最大的罗汉堂

供奉五台山文殊菩萨、峨眉山普贤菩萨、普陀山观音菩萨、九华山地藏菩萨。在佛教中，此四大菩萨分别象征大智、大行、大悲、大愿。铜殿高 12.62 米，翼展 7.77 米，底部面积 5 平方米。采用铸、锻、刻、雕、镶等十二种工艺，三重檐，四立面，柱有蟠龙，栏有镂花，造型精致，气势磅礴，为"世界室内铜殿之最"，已被列入吉尼斯世界纪录。堂外廊四面有二十四块罗汉故事东阳木雕，栩栩如生，四周与之相配套的有具德亭、罗汉碑记、佛掌石、水池、喷泉、花坛等景致。

（二）道济禅师殿

"道济禅师殿"是1991年以后建成的。这些殿宇，巍然屹立，气魄雄伟，庄严肃穆，宏伟壮观，在建筑风格上也与原有的天王殿、大雄宝殿保持一致，新老建筑浑然一体。殿中供奉有一尊右手拿破扇、左手持念珠、右脚搁在酒缸上的济公像，他就是民间家喻户晓的"济公活佛"，但与其他殿所供奉的佛像有所不同。例如，大雄宝殿正面供奉的主佛是如来佛、药师佛、弥勒佛，背面供奉的主佛是观音菩萨、文殊菩萨、普贤菩萨。这些主佛们的姿势或打坐或站立，面目或威严或慈祥。而此殿供奉的道济和尚不是正襟危坐，其中一位

道济禅师殿

道济禅师殿内景

的头上顶着一顶破僧帽，左手摇一把破芭蕉扇，一副滑稽搞笑的样子，正是我们在电视中所见的济公的形象。还有一位是得了道、修得了正果的道济禅师，比较富态，比较严肃。

（三）灵隐图书馆

灵隐图书馆是灵隐寺储藏历代所收集书籍的场所，位于药师殿西面。灵隐寺藏书颇有传统，早在清朝道光年间，浙江巡抚、著名学者阮元在灵隐寺创建了"灵隐书藏"，广集世典和历代文物经籍书画等，并按唐代诗人宋之问的诗来编目，这一藏书活动后来中断。新的灵隐寺图书馆取名"云林图书馆"，建于2003年，建立目的之一就是为了恢复"灵隐书藏"的功用，让有心学习佛法的大众在来到灵隐寺的时候，可以得到佛法的洗礼、智慧的灌顶，让其对佛教有一个真正的认知。

图书馆采用了现代化的管理方式，馆内的典籍从性质上主要分为两类：一是佛教类，其中可分佛教教理类、佛教史学类、佛教文学类、佛教艺术类、佛教美学类、佛教寺志类等。并存有多部藏经，如《大正藏》《永乐南藏》《永乐北藏》《中华大藏经》等；二是文史哲类，其中可分外国文学、中国文学、外国史学、中国史学、外国哲学、中国哲学等。此外，还有一些英文、日文书籍，涉猎甚广。

佛法自古而今博大精深，典籍更是汗牛充栋，名目繁多。当前佛教僧众，在知识经济时代的冲击下，不但要学好教内义理，同时还要掌握大量的教外知识，只有这样才称得上是现代化的合格僧才。灵隐图书馆的建立，为培养现代化的合格僧才准备好了必要的硬件设施。据悉图书馆暂

《永乐北藏》

灵隐图书馆内的藏书

定每年购书经费十万元，目前只对寺内僧众和职工开放，但逐渐扩大规模后，计划向市民开放。

五　灵隐『亭文化』

亭是中国古建筑中具有悠久历史的特殊形式，它的体制构造较为简单灵便，经长期的演化变迁，成为民族文化的一种物化形态的载体。亭不仅是山水园林名胜中不可缺少的点缀，而且由于它与历史人物、事件的各种因缘，有的更成为带有典故性的文物。因此，在不同地区不同时代修建并保留至今的各式各样的亭建筑物，就构成了具有丰富内涵的"亭文化"。中国古代的文人学士，早就将建筑物中的亭台楼阁作为写作题材的审美选择，并创作了许多传诵久远的名篇，"亭文化"也是灵隐寺的一大特色。

灵隐寺内处处有庙亭，步步有佛像

（一）御碑亭

灵隐寺天王殿左侧有御碑亭，这块石碑建于 1689 年，碑高 1.8 米，由湖石刻成，宽约 75 厘米，一面写有"灵隐"二字，另一面则刻着康熙题《灵隐》的诗，碑帽上则雕刻着双龙戏珠图案。诗曰：

灵山含秀色，鹫岭起嵯峨。梵宇盘空出，香云绕地多。

开襟对层碧，下马抚烟萝。羽卫闲来往，非同问法过。

乾隆皇帝曾六次南巡，五次为灵隐寺题诗。

御碑亭

（二）冷泉亭

出飞来峰，洞口即是冷泉。冷泉掩映在绿荫深处，泉水晶莹如玉。在清澈明净的池面上，有一股碗口大的地下泉水喷薄而出，无论溪水涨落，它都喷涌不息，飞珠溅玉，如天女散花，溪流湍急，景色幽深。它处处给人一种清幽恬静的美感。

冷泉亭依涧而立，亭子是唐时杭州刺史元英所建，那时，在冷泉亭旁边建有虚白、候仙、观风、见山四个亭子。唐代大诗人白居易特别喜欢这个地方，特地撰写了《冷泉亭记》一文："东南山水，余杭郡为最；就郡言，灵隐寺为尤；由寺观，

冷泉亭为甲。"亭内原有一匾额,"冷泉"二字为白居易手书,"亭"字为苏轼续写,现已不存。据说苏东坡守杭时,常携诗友僚属来此游赏,并曾在冷泉亭上"画扇判案"。后来冷泉亭被山洪冲毁,明万历年间(1573—1620年)又在岸上重建。多年来冷泉亭以山树为盖,岩石为屏,一直是人们流连聚会、休憩赏景的地方。历来有很多文人骚客在此留下诗句,如:亭上董其昌的一副对联:"泉自几时冷起,峰从何处飞来",因为写得很有意趣,金安清便有作答:"泉水潺无心,冷暖惟主人翁自觉;峰峦青未了,去来非佛弟子能言"。清代名将左宗棠的联句似得禅理:

冷泉亭

灵隐寺

"在山本清，泉自源头冷起；入世皆幻，峰从天外飞来"，本自佛家经典，有一种超凡入胜的韵味。除白居易与苏轼之外，著名的爱国词人辛弃疾也曾在此留下佳作。如：

《满江红·题冷泉亭》
直节堂堂，看夹道、冠缨拱立。
渐翠谷、群仙东下，佩环声急。
闻道天峰飞堕地，傍湖千丈开青壁。
是当年、玉斧削方壶，无人识。
山木润，琅玕湿。
秋露下，琼枝滴。
向危亭横跨，玉渊澄碧。
醉舞且摇鸾凤影，浩歌莫遣鱼龙泣。
恨此中、风月本吾家，今为客。

据说"冷泉"二字为白居易手书

冷泉亭远眺

作者在南归之后、隐居带湖之前，曾三度在临安做官，但时间都很短。乾道六年（1170年）夏五月，作者31岁时，受命任司农寺主簿，乾道七年春出知滁州。这段时间是三次中较长的一次，这首词就是在杭州作的。词的上阕写冷泉亭附近的山林和冰来峰；下阕写游亭的活动及所感。上阕自上而下，从附近的山林和流泉曲涧写起，隐晦地寄托了作者的志趣，而最后一句"恨此中、风月本吾家，今为客"点明了主旨。作者南归之后，北方失地未能收复，不但夙愿难酬，而且永难再回故乡。只能长期在南方作客，郁郁不得志，因而触景怀旧，便有了无限伤感。要想排遣这种伤感，只能通过醉中的歌舞，但事实上是排遣不了的。话说得平淡、含蓄，"恨"却是很深沉的。不仅关系个人思乡之"恨"，还关系整个国家、民族命运之"恨"，自然会引起读者强烈的同情。这首词由西湖景物触动作者的思乡之情联想到国家民族的悲哀，表达含蓄悲愤深广；写景形容逼肖，而开阔自然。它并非是作者刻意经营的，但是体现出作者词作的风格特点和功力。

（三）壑雷亭

与冷泉亭相邻的便是有名的壑雷亭了。相传是北宋开国皇帝赵匡胤第十世孙

壑雷亭

相传壑雷亭建于北宋时期

担任临安（今杭州）知府时所建，苏东坡有诗云："灵隐前，天竺后，两涧春淙一灵鹫。不知水从何处来，跳波赴壑如奔雷。无情有意两莫测，肯向冷泉亭下相萦回。我在钱塘六百日，山中暂来不暖席。今君欲作灵隐居，葛衣草履随僧蔬。能与冷泉作主一百日，不用二十四考书中书。"壑雷亭便由此而得名。宋代时，亭子旁边有一石闸，平时关闭，用于蓄集旁边的冷泉池水。每到大雨滂沱，冷泉水大涨时，便有人去开闸放水。顿时涛声阵阵，奔腾赴壑，发出震耳欲聋的声音，听了真有"壑雷"的感觉。

（四）春淙亭

跨过合涧桥，沿大路步行百余米，沿右侧大路再往前走，就到了回龙桥。回龙桥下涧水潺潺，回龙桥上建有一座四角上翘的亭子，与桥体相衔接，组合成别有风味的桥亭。这座亭子就是颇有知名度的春淙亭。我们现在看到的春淙亭是清代修建的，光绪初年曾重新加以修葺，到1944年又用钢骨水泥重建。春淙亭的旧址则是在合涧桥旁。

灵隐风景区内有两条溪涧，一条称北涧，一条称南涧。北涧流经灵隐寺山门前面的溪水，它发源于西源峰，进入灵隐山谷间后流经冷泉亭，再经回龙桥流至合涧桥下。南涧发源于五云山水出岭，绕过飞来峰后，也通达合涧桥下。南北涧在此汇合后，一路流过白乐桥、洪春桥、金沙滩里五桥后，流入西湖。南北两涧在灵隐翠绿的山林和奇异的岩石组合中嵌入了两条清亮的白练，为灵隐增添了无限韵味。北宋大文学家苏东坡来这里游览后，对此大为赞叹，在给他的朋友的诗中称颂说："灵隐前，天竺后，两涧春淙一灵鹫。不知水从何处来，跳波赴壑如奔雷。"诗中"两涧春淙一灵鹫"一句高度概括了灵隐山水组合的特色，意境也很优美。后人根据他的诗句，特意在合涧桥头造了一座亭子，

春淙亭

名为"春淙亭"。

　　到了清代，原有的春淙亭早已湮灭，人们也把春淙亭渐渐淡忘了。乾隆年间，灵隐寺因久未修葺，急需重加修缮。当时的住持是巨涛法师，他博览群书，佛道高深，为当时朝野所器重。后来，巨涛法师得朝廷资助主持重修了灵隐寺大雄宝殿和寺内其他的殿、堂、楼、阁。灵隐寺修缮完毕以后，尚有剩余的木料和砖块，乾隆初年，巨涛法师决定用剩余的建筑材料在回龙桥上造一座亭子。这个亭子位于飞来峰的背阴处，又对着理公岩洞口，横卧在北涧之上。坐在这个亭子里，仰头可见满山翠色，俯身则闻泉水叮咚，风光景色如天造神设一般。漂亮的亭子要有优美的名号与之相配，为此，巨涛法师就专门找到厉鹗，向他讨教。厉鹗博学多闻，根据自己掌握的文史掌故向巨涛建议名为"春淙亭"，以呼应当时苏东坡的诗句，既符合意境又有缅怀古人的含义。巨涛法师欣然采纳了厉鹗的建议。

（五）翠微亭

飞来峰的山腰，有座古木掩映的亭子——翠微亭。亭侧石壁有一摩崖，上书："绍兴十二年，清凉居士韩世忠因过灵隐，

翠微亭

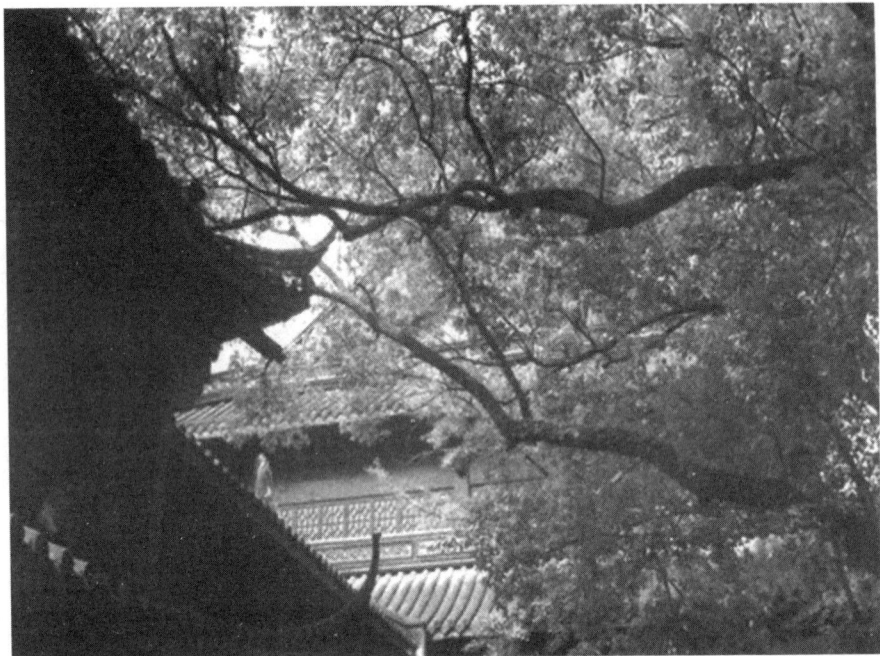

灵隐寺内古树参天

登览形胜，得旧基建新亭，榜曰翠微。以为游息之所，待好奉者。三月五日写彦直书。"

　　韩世忠和岳飞同是南宋主战派的代表人物。在抗击金兵、收复失地的战争中，韩世忠与夫人梁红玉屡立战功。岳飞被陷害后，韩世忠当面质问秦桧："岳飞到底犯了什么罪，有证据吗？"秦桧支支吾吾地说："岳飞给张宪的谋反信，其事体莫须有……"韩世忠愤愤不平："莫须有三字，何以服天下的人心？"后愤然辞去枢密使职，又上书乞归老于西湖。从此，自号"清凉居士"，常头戴青巾，骑驴携酒，纵游西湖，决不谈兵，也不会客。

一日，韩世忠登飞来峰，在飞来峰下徜徉，忽然有悟："飞来，飞来，忠良的魂灵本该飞来此！"便在半山腰建此亭。《一统志》载："岳曾有登池州翠微亭诗，故作此亭，以怀岳也。"

岳飞生前作过一首诗《登池州翠微亭》：

> 经年尘土满征衣，
> 特特寻芳上翠微。
> 好山好水看不足，
> 马蹄催趁月明归。

收复国土，"待重头收拾旧山河"，是岳飞终生坚守的志向，而根源在于他对

岳飞庙

灵岩寺雪景

灵隐寺一角

祖国"好山好水"的忠贞热爱。用"翠微亭"的命名，正表达了韩世忠对这位英雄的深沉景仰与无尽怀念。

六 历史传说故事

飞来峰风光

（一）慧理法师与飞来峰的故事

"溪山处处皆可庐，最爱灵隐飞来峰"，苏东坡诗句中所提到的便是别名"灵鹫峰"，有着"东南第一山"美誉的飞来峰。飞来峰怪石峥嵘，岩溶地貌造型或似蛟龙，或似奔象，或似卧虎，或似惊猿，岩骨裸露，峰棱如削，再加上老树古藤盘根错节，犹如一座鬼斧神工造就的石质动物大观园。

关于名字的来历，传说有二。其中之一便是之前在叙述"灵隐寺"名字起源时所提过的，在一千六百多年前，印度高僧慧理来到杭州，看到这里奇峰怪石，风景

依山就势而雕的灵鹫峰佛像

幽静而绝美。惊讶地说："此乃中天竺国灵鹫山一小岭，不知何代飞来？"因此后人为此山取名飞来峰。

飞来峰，又称作呼猿峰，或叫白猿峰。据说慧理法师宣称这座山是天竺国飞来的灵鹫山岭时，很多人对此将信将疑。慧理却很有把握地说："这山岭向来住有两只猿猴，一黑一白。如果这山确系飞来，那么黑白二猿也一定会相随而来。"说完，他来到山脚的洞口，俯身朝洞内呼唤。果然，随着他的喊声，有一只黑猿和一只白猿从洞中奔跃而出。大家这才相信他的话，把这个洞称之为"呼猿洞"，把这座山的

南朝刘宋时期灵隐寺的猴群最多

山峰称之为"呼猫峰"。

关于灵鹫飞来和黑白二猿相随的说法当然是传说，但是慧理法师在此开建灵隐寺后，确确实实养过一只白猿。据记载：慧理法师养的白猿很通人性，非常活泼。白天，它在溪涧中嬉耍跳跃；夜晚，松风低鸣，明月高悬，涧水叮咚，白猿偶一吟啸，凄哀婉转。慧理为此有"引水穿廊步，呼猿绕涧跳"的诗句，描述自己养白猿的乐趣。灵隐的猴群最多时是在南朝刘宋时期，有一个法名智一的僧人，敬仰慧理法师，养了一大群猴子，智一法师也因此被人称为"猿父"。自此以后，灵隐山谷间就时常有猴子出没。一座怪石嶙峋的山峰，一条清澈透亮的冷泉，杂以松鸣水吟，偶或响起一声猿啸，此情此景的确给人以无穷的情韵和遐想。因此南宋曾定临安钱塘景色，共有八景，而"冷泉猿啸"即为八景之一。当时的游人常把到冷泉边听猿啸当做重要的游览内容，文人墨客更是以此为题材，写下不少诗篇。如南宋浙江嵊县人吴大有即作有《听猿》一诗。诗写道："月照前峰猿啸岭，夜寒花落草堂春。同来蜀客偏肠断，曾是孤舟渡峡人。"诗人大约是陪同一位四川客人来游玩的，客人

灵隐寺内景色秀丽

坐船沿长江三峡而下来到杭州。三峡两岸的猿啸凄哀令人悲凉不已，现在在这里又听到猿啸，难免勾起乡情而哀痛肠断了。

宋元以后，灵隐的猿猴逐渐减少，到清代时已经很难再见到猴子，不过从零星的记载中还可以寻到猴子的踪迹。清顺治六年（1649年），灵隐寺有僧人看见过白猿，它通身皎洁，白如积雪，在月光映衬下更显洁净可爱。过了两年，僧人们又在青莲阁下看见一只黑猿。那黑猿居然头上戴着一顶斗笠，像是在匆匆赶路。僧人们一齐惊呼起来，那黑猿受了惊吓，发出一声轻微的吟叫，然后跳过溪涧奔窜而

气势雄伟的灵隐寺建筑

飞来峰藏传佛教造像

去。当时人们觉得这一白一黑的猿猴出现得很神奇，有人甚至认为这就是慧理法师当年从呼猿洞呼唤出来的黑白二猿。从慧理法师开山建寺到清顺治年间，其间历经一千三百多年，黑白二猿的寿命也太令人不可思议了。但灵隐山谷间早年有猴子却是事实，而猴子的最早的豢养人就是慧理法师。他为灵隐寺这巍巍禅寺奠基开山，同时也为灵隐山谷增添过"猿啸"这一项景观。

（二）济公和尚与飞来峰的故事

另一种说法是与大名鼎鼎的济公和尚有关，他是中国佛教史上最富传奇色彩的

端庄安详的飞来峰造像

神僧，为十八罗汉中的降龙罗汉。济公确有其人，他是浙江台州人，原名李心远，出家法名"道济"。南宋初年在灵隐寺出家，是高僧瞎堂法师的徒弟。他虽然不守清规戒律，平时是一副"鞋儿破，帽儿破，身上袈裟破"的形象，但他酒肉穿肠过，佛祖心中留，为人正直善良，又神通广大，深受老百姓的喜爱。济公智斗秦丞相，惩治嘲弄贪官污吏，而他的行为又常常是以嬉笑怒骂、幽默讽刺的形式出现。至今流传着"济公斗蟋蟀""运木古井"等许多有关他的传奇故事。老百姓尊称其为"济公活佛"。济公住过的净慈寺有济公殿和运木古井。相传济公

睡梦中去四川募化木料，古井与海相通，
木料由海上运来，一根根从井中浮出，
这些木料修好了寺庙大殿。济公圆寂后，
葬在杭州虎跑，虎跑泉西有二层楼高的
济公塔院，是其葬骨处。一生任性逍遥、
游戏人生的济公活佛，注重修心，不拘
形式，放浪形骸，他所彰显的是一种自
然天真、随缘入世的度化精神。

　　话说当时在杭州灵隐寺出家的济公和
尚，神机妙算，法力无边。这天，他远远
看见天空飘来一团黑黑的东西，再仔细一
看，不好！是一座小山峰！这小山峰马上
就要落到灵隐寺前的村子里了，如果不快
点让村民们搬走，那会砸死多少人哪！可

是济公东家进西家出，嘴皮子都快磨破了，还是没有人肯听他的：小山峰？哪有什么小山峰？搬家？往哪儿搬？人们都嘻嘻哈哈地笑济公是个疯和尚。济公急得满头大汗，忽然瞥见村里有户人家正在接新娘，他灵机一动，冲过去，抢了新娘子往背上一背，撒腿就跑。"不好了！疯和尚抢新娘子了！"这一下，轰动了全村，男女老少都一齐冲出来，追着济公要讨回新娘子，济公疯疯癫癫地跑着，把全村人都引得远远的。刚停下脚，就听见"轰隆"一声巨响，小山峰已经落了下来，将整个村子都压在了下面。村民们这才恍然大悟：是济公救了我们的命啊！从此，这座山峰就在

灵隐寺麒麟浮雕

灵隐寺

飞来峰四臂观音造像

灵隐寺前安了家。因为它是飞来的，人们就将其称为"飞来峰"。

（三）"一线天"的传说

飞来峰的"射旭洞"内有着著名的景观"一线天"，它隐蔽在一条石缝中，只有站在特定的位置才能找到一枚硬币大小的亮光，"一线天"也正是因此而得名。因其难发现，游客经常需要排队来寻找那一线亮光。

关于"一线天"的由来还有一个美丽的传说：许多年以前，诸暨有个年轻人，

花妹和石娃双双化身为鸟

名叫石娃，他不但聪明能干，还是个手艺出众的石匠。同村住着一位名叫花妹的姑娘，她漂亮、心灵手巧，而且歌声优美动听，可使花儿开放，鸟儿飞舞。石娃和花妹相爱，却遭到了雷神的嫉妒，在他们准备成亲之际，雷神化为凡人下界，想抢走花妹。石娃、花妹二人紧紧相拥，誓不分开，于是雷神便把两人相拥的山头一劈为二，轻吹一口气，花妹站着的一半山头就飞了起来，情急之下，石娃抓住了山上的一根树藤也随之飞起。当山飞到杭州灵隐的上空，石娃再也坚持不住晕了过去，醒来之后发现自己变成了一只长嘴巴的鸟儿。正在伤心之余，忽然听到从山底传来花妹的歌声，也认出那是从自己家乡飞来的半个山头，石娃便兴奋地用嘴啄着岩石。被雷神关在洞底的花妹听到岩石敲打的声音，知道是石娃来救自己了，于是拔下头顶的银钗在发出声音的地方挖了起来。不知过了多久，一丝和煦的阳光照进洞里，花妹见石娃已变成鸟儿，旋即也化身为鸟，伴着石娃双双往天空飞去，并把雷神的眼睛啄瞎，从此自由翱翔于天地间。而石娃把花妹救出来的那个小孔便是今日有名的"一线天"。

（四）"疯僧"扫秦的故事

相传疯僧在杭州灵隐寺做烧饭和尚。岳飞遭诬蔑遇害后，一日秦桧到寺烧香，疯僧当众揭发其罪行，羞辱之，冷笑道："我外形丑陋，内心皎洁。有人虽头戴乌纱，却在暗中害人。"秦桧恼羞成怒，令左右动手，疯僧高举扫帚说："昔日天下扫狼，今日寺中扫尘（谐音秦）。"对准秦桧横扫过来，秦桧一手抓住疯僧的腰带，恍惚

佛家虽在围墙内，但对世事也
有爱憎之情

间腰带变成巨蟒，直扑过来，秦桧顿时吓昏了。待秦惊魂稍定，疯僧已不知去向。人们对这位伸张正义的疯僧非常敬佩，就在大雄宝殿的群塑中加一个席位，让他享受人间香火。惩恶扬善本是佛家的本色，佛家不可能无视人间的是非，他们虽把自己隔在围墙内，沉浸在晨钟暮鼓声中，但还是正视着人间的善恶，有着人们共有的爱憎。

七 灵隐情结

灵隐寺金字佛经横匾

自古至今，很多文人骚客在此留下脍炙人口的诗篇甚至于隐居至此，使得这座古寺除了本身珍贵的历史价值之外，更具有很深的文化底蕴。也正是因为如此，这座深山古寺才历经劫难却屹立不倒，香火绵延。

（一）骆宾王

骆宾王，字观光，唐朝初期的诗人，与王勃、杨炯、卢照邻合称初唐四杰，又与富嘉谟并称"富骆"。在四杰中他的诗作最多。尤擅七言歌行，名作《帝京篇》为初唐罕有的长篇，当时以为绝唱。他的骈文在才华艳发、词采瞻富之中，寓有一

历经风雨的灵隐寺正以崭新的姿
态迎接八方来客

种清新俊逸的气息。无论抒情、说理或叙事，都能运笔如舌，挥洒自如，骆宾王《代李敬业传檄天下文》，便是最能代表这种时代新风、流传广泛的名作之一。它以封建时代忠义大节作为理论依据，号召人们起来反对正在筹建中的武周王朝，气势充沛，笔端带有情感。其中"一杯之土未干，六尺之孤何托"二句，颇能激发唐朝旧臣对故君的怀念。

684年，唐高宗刚刚去世不久，武则天废掉了自己的儿子中宗，另立温顺的儿子李旦为帝，同时大开杀戒，清除李唐宗室元老，打算废唐自立。这年九月，开国元勋徐绩的孙子徐敬业在扬州起兵反叛，骆宾王加入队伍。后徐敬业的部下王那相带头反叛，将徐敬业等二十五人杀掉，把人头献给了朝廷，起义失败。而对于骆宾王扬州兵败后的行踪，史学界众说纷纭，这也成为千古未解之谜。但是民间却流传初唐四杰之一的骆宾王遁迹灵隐的故事。

唐《本事诗·征异》中也载，骆宾王反武则天，兵败逃亡，落发灵隐，诗人宋之问曾与之在灵隐寺相逢——宋考功（即宋之问）以事累贬黜。后放还，至江南，游灵隐寺。夜月极明，长廊吟行，且为诗曰："鹫岭郁岧峣，龙宫锁寂寥。"第二联搜奇覃思，终不如意。有老僧，点长眠灯，坐大禅床，问曰："少年夜久不寐，而吟讽甚苦何耶？"之问答曰："弟子业诗，偶欲题此寺，而兴思不属。"僧曰："试吟上联。"即吟与之，再三吟讽。因曰："何不云楼观沧海日，门对浙江潮？"之问愕然，讶其道丽。又续终篇曰："桂子月中落，天香云外飘。扪萝登塔远，刳木取泉遥。霜薄花更发，冰轻叶未凋。夙龄尚遐异，搜对涤烦嚣。待入天山路，看余度石桥。"僧所赠句，乃为一篇之警策。迟明，更访之，则不复见矣。寺僧有知者曰："此骆宾王也。"

（二）宋之问

唐朝诗人宋之问有一首专门赞美灵隐

飞来峰观音造像

寺的诗，影响颇大，可谓诗中典范。

鹫岭，即印度灵鹫山，这里借指飞来峰。开头便写出了灵隐寺所在环境，隐于青葱高耸的山脉之中，环境清幽甚佳。而"楼观沧海日，门对浙江潮"更因为对仗工整、境界优美而成为千古传诵的名句，充分表现了诗人的怡人情志。"桂子月中落，天香云外飘"更是赋予了灵隐寺神秘空灵的色彩，寺院的缥缈神圣突显无疑。

灵隐寺美景

灵隐寺

灵隐寺是历代文人墨客向往的圣地

在接下来的诗句中，诗人更是运用各种手法突显灵隐寺的各种诱人景色及清幽的环境，令人心神向往。

千百年来，灵隐寺不仅以古刹灵迹吸引着虔诚的香客，也因为山水风流、高僧辈出，而成为文人墨客向往的圣地。从东晋建寺以来，文人的游历、墨客的题咏，历朝不绝。南北朝时的谢灵运，唐朝的李白、白居易，宋朝的苏东坡、辛弃疾，明朝的徐渭、汤显祖，无不慕名而来。名人喜游灵隐，皇帝也不例外。清朝的两位皇帝——康熙和乾隆，也和灵隐寺结下了不

夜幕下的大雄宝殿仿佛在讲述着尘封的往事

解之缘。置身寺内，倾听梵音佛鼓，恍惚迷离之间，禅意萦回。千余年来文人们在此地的流连忘返，想来对这个地方已经爱到了极致。驻足灵隐，感慨万千，从古至今文脉涌流，无数神妙传说，在这里回转；几多人生感慨，在心底环绕。明霞与暗夜交辉，快意与黯然相融。谁能说明白，一座灵隐寺，到底隐埋了多少人世烟雨？